La Alegría del Primer Año de Piano

Un método y repertorio para el pianista principiante
por Denes Agay

LA ALEGRÍA DEL PRIMER AÑO DE PIANO es un libro para principiantes de todas edades. Su intención es suministrar un repertorio de atractivos temas graduados lentamente, con los cuales con que el pianista principiante podrá obtener las técnicas fundamentales leyendo notas y tocando en forma sin esfuerzo. La secuencia de estos pequeños temas es planeado para introducir conceptos nuevos sistemáticamente, y dar oportunidad de repetir con frecuencia cosas ya aprendidas, y permitir que toda la información sea absorbida antes de progresar mas.

Este curso es adaptable, dejando al profesor con muchas opciones, dependiendo de la edad y la habilidad de el estudiante. Sea sugerido que el joven principiante ordinario, entre los seis y nueve años aproximadamente, se le da material básico, incluso temas de rutinas y tocando por numero de dedos (P. 4-10). En las mismas páginas, principiantes mayores pueden acquirir la información básica necesario sobre el teclado, la pentagrama, valor de las notas, etc., en una manera acelerada y puede actualmente empezar leyendo y tocando los temas en página 11.

Este volumen utiliza Do mediano para el foco de orientación en enseñar leyer notas, porque la lógico visual es sin disputa. A el mismo tiempo, sin embargo, el estudiante es dirigido des del comienzo a tocar ciertas temas en transposiciónes de octava, con la mano derecha colocado una octava mas alta, y la izquierda una octava mas baja. De este modo se le da al estudiante una oportunidad des del comienzo a tocar en varios posiciones de las manos, así gana agilidad y uso sin tensión de el brazo, la muñeca, y los músculos de mano.

Una vez, un escritor joven le pregunto a Maxim Gorky, un novelista famoso, cómo se le escribe para los niños. La respuesta de Gorky fue: "Usted escribe para niños en la misma manera que escribes para adultos, solamente mejor." Esto hacido el pensamiento que se uso cómo guía en la preparación de este volumen. Escribiendo para el pianista principiante requerir lo mismo, y posiblemente mas imaginación, originalidad, y arte que componer para el experto. Con modas bien limitadas, a veces solamente uso de pocas notas, el compositor de temas principiantes tienen que crear música que no solamente introduce cuestiones especificas de enseñanza, pero también es sencillo, bien informado, y atrayente. Estos temas tienen que tener la calidad para atraer y estimular el interés del estudiante, además guiar a desarrollar un gusto de música practica, impulsar mas estudio, y en general, adoptar amor para la música.

Esperamos que LA ALEGRÍA DEL PRIMER AÑO DE PIANO cumple con estos objetos.

Derecho de copia © 1972 por Yorktown Music Press, Inc.
Todos derechos reservados.

Todo los temas, a menos que este identificado
diferentemente, son por Denes Agay.

Numero de Orden: AM 928940

US Modelo Internacional Libro Numero: 0.8256.1473.2
UK Modelo Internacional Libro Numero: 0.7119.4969.7

Distribudores Ejecutivos:
Music Sales Corporation
257 Park Avenue South, New York, NY 10010 USA
Music Sales Limited
8/9 Frith Street, London W1V 5TZ England
Music Sales Pty. Limited
120 Rothschild Street, Rosebery, Sydney, NSW 2018, Australia

Printed in the United States of America by
Vicks Lithograph and Printing Corporation

Contenido

La posición correcta para tocar en el piano, 3
Cómo practicar, 3
Temas enseñados por rutina (imitación), 4
El teclado-Numeros de dedos, 5
Tocando por numeros de dedos, 6
Valor de notas, 7
El pentagrama, 8
La señal del tiempo, 9
Ejercicios de contar, 9
Los nombres de las teclas, 10
Cuadro de notas, 10

"Jig" de Tres Notas, 11
Canción para Tocar, 11
Primera Serenata, 12
Procesión Misterioso, 13
Paloma Azul, 14
Niño que Alega, 14
Golosa, 15
Canción Pequeña, 15
Wenceslas, el Rey Bueno, 16
En el Festín, 17
Viejo Melodía del Mundo, 18
La Mañana en la Primavera, 19
Las Campanas de la Catedral, 20
Sobre la Montaña y Cañada, 21
Saludo de Jamaica, 22
Melodía Judía, 22
Romance, 23
"Skip to My Lou," 24
Desfile, 25
Crepúsculo y Amanecer, 26
Pequeño Preludio, 27
Diálogo Juguetón, 28
"Roundelay," 29
Remando Suave, 30
Melodía, 31
Vieja Canción China, 31
Intervalo Azul, 32
Los 'Cossacks' Dichosos, 33
Nubes Flotantes, 34
Cancioncita del Mar, 35
Marea Suave, 36
Llovizna que Baila, 37
El Corral del Ferrocarril, 38

'Cotillian' Polka, 39
Baile de los Marineros, 40
Ecos del Monasterio, 41
'Bagatela' Balkana, 42
Canción de Cuna para una Muñeca Francesa, 43
Los Gaiteros, 44
Día de Fiesta del Violínero, 45
Mariana, 46
Travesura, 46
En el Llano Verde, 47
Salmo sin Palabras, 48
Paja del Pastor, 49
En una Vereda de Campo, 49
Tarde de Verano, 50
Sonatina de Miniatura, 51
En el Circo, 52
Canción de los Gondoleros, 53
Escena del Ballet, 54
Fanfarria, 55
Querer a Alguien, 55
Veleros Blancos, 56
Marcha de Alejandro, 57
Melodía con varios acompaniamientos, 58
Gemelos Caprichosos, 59
Baile con Zapato de Madera, 60
Abedul, 61
"Canon," 61
Tema y Variaciónes, 62
Juego de Tócame, 63
En el Parque, 64
Sonata de Balancín, 65
Canción de Cortejar, 66
Compañeros en Melodía, 67
Querella, 68
Poema Pastoral, 69
'Boogie' de Punto Silbido, 70
Iglesia con Luna Encendida, 71
Yo Baile con un Mosquito, 72
Baile Inglés, 73
'Sally' Alrededor, 74
En el Columpio, 74
La Banda de Latón, 75
Feria del Pueblo, 76
Paseo, 77
Balada, 78
Mazurka, 79
Brincos de Scala, 80

La Posición Correcta en el Piano

Se sienta con la mitad del teclado en el frente y con los dos pies firmemente en el piso con los pedales de frente. (Una escalera de pie o una caja se puede utilizar si los pies de los niños pequeños no alcanzan el piso.)

Permita que la parte superior del brazo cuelgue flojo. Ajuste la silla para que el brazo, la muñeca, y la mano estén en línea con el teclado.

No se incline para atrás en la silla con todo su peso. El cuerpo entero debe estar relajado; la espalda derecha, sin rigidez, solamente un poco inclinado hacia adelante.

Las manos deben ser abovedadas, con las palmas de las manos boca bajo, y debe imaginarse que esta sosteniendo un objeto redondo y pequeño, cómo una pelota.

Los dedos deben estar suavemente curvados, con las yemas de los dedos (no las uñas) tocando las teclas.

Cómo Practicar

Antes de tocar el tema, ponga las manos en el teclado con la propia posición de los cinco dedos, como está indicado por el numero de dedo de la nota del comienzo en cada mano. Mantenga la posición de mano durante la tema, a menos que un nuevo numero de dedo indica un cambio de posición.

Entre cada posición de mano los numeros de dedos se han dado con parquedad. Esto es para inclinar el tocador de piano a leyer cada nota en lugar de usar los numeros de dedos como guía. Numeros de dedos se pueden incluir también a la sugerencia del profesor.

Cuando veas un cuadro de notas debajo del titulo, primero toca las notas diciendo los nombres de las teclas. Los nombres de las teclas también se podrán ser escritas debajo de cada cuadro de notas, especialmente para las notas que ocurren por la primera ves. Se es necesario, nuevas notas pueden ser buscadas o localizadas en el cuadro de notas de página 10.

Nunca trate de adivinar cual es la próxima nota; usted la debe saber antes de tocar la tecla.

Practiqué suavemente a el principio, Siempre con un paso parejo, y en ritmo stricto. Cómo ejercicio puedes dar el golpe seco de la melodía con las manos antes de tocar la. Mas que todo debes contar alto cuando practiques una tema.

Temas en la primera mita del libro deben también ser practicado por cantando los nombres de las teclas y al mismo tiempo tocas la melodía.

Siempre escuche lo que estas tocando.

Temas enseñadas por rutina (imitación)
-mide las huellas en la próxima página-

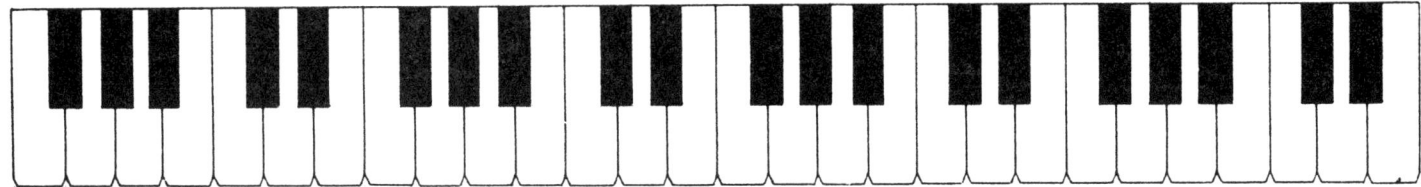

- Este es el TECLADO del piano

- Usted se sienta en el piano con la mita del teclado de frente.

- El teclado tiene teclas blancas y teclas negras.
  Las teclas blancas están en una fila. Las teclas negras están disponidas en grupos de dos y tres.
  (Muestre estos dos grupos de dos y tres negras.)*

- Todas las teclas, negras y blancas, producen diferentes tonos. Hacia la derecha del teclado, o "para arriba," los tonos empiezan a subir. Hacia la izquierda del teclado, o "para bajo," los tonos empiezan a bajar. Notas altas son hacia la derecha, notas bajas hacia la izquierda.**

- Miren el dibujo de las dos manos. Los dedos se le dan numeros para la intención de tocar el piano. El pulgar es el primer dedo de cada mano.

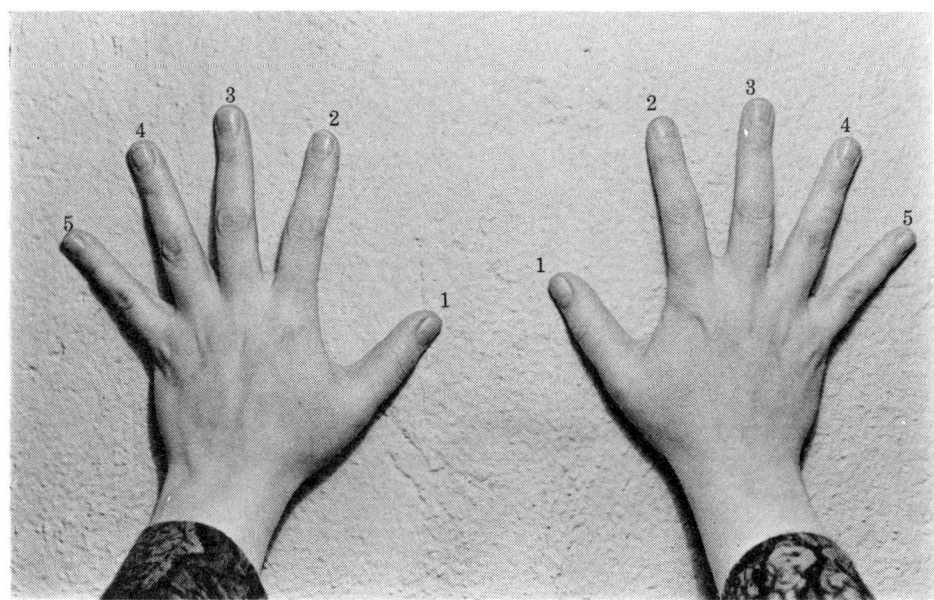

Aprenda el numero de cada dedo en esta manera: ponga sus manos en su frente y cuando el profesor llame el numero del dedo, mueva lo. A el principio, practique esto con las manos separados, después con ambas manos juntas.***

---

*Temas numerados 1 y 2 (en la página anterior) se pueden enseñar aquí por imitación.

**Temas numerado 3, 4, y 5 se pueden enseñar aquí.

***Tema No. 6 se puede enseñar aquí. Digitación es opcional; mano derecha: 4-3-2, 3-2-1, o 5-4-3; mano izquierda 2-3 o 1-2.

- Ponga las manos en el teclado cómo se a demostrado en la foto. Dedos deben estar curvados y tocando las teclas suavemente.

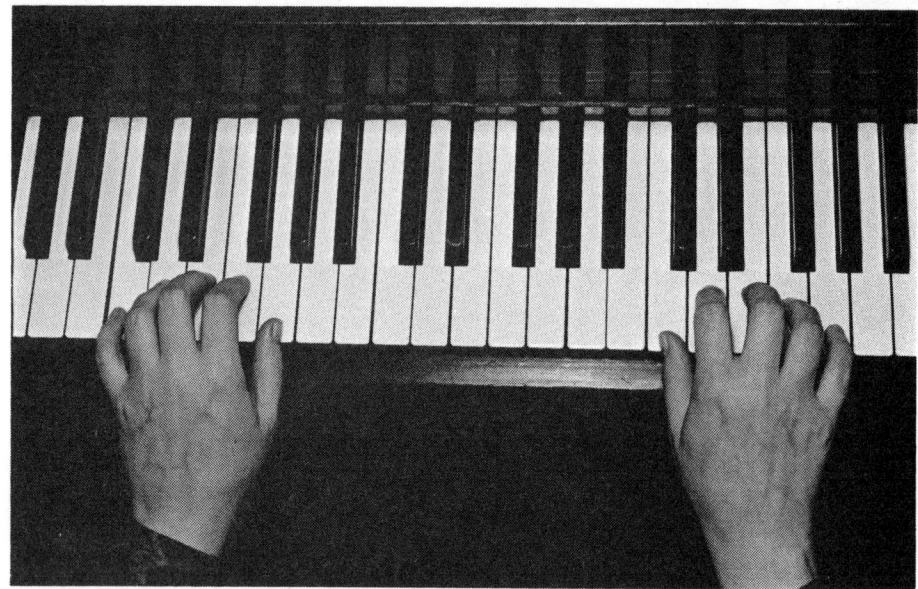

manos en la posición de Do

Con sus manos en esta posición, utilizando todos cinco dedos uno por uno, cómo se a demostrado por los numeros de dedos, toca estas melodías y cante el numero de cada dedo. (Apreme las teclas suavemente pero firmemente; las puntas de los dedos deben mantener su posición firme y curvado.)

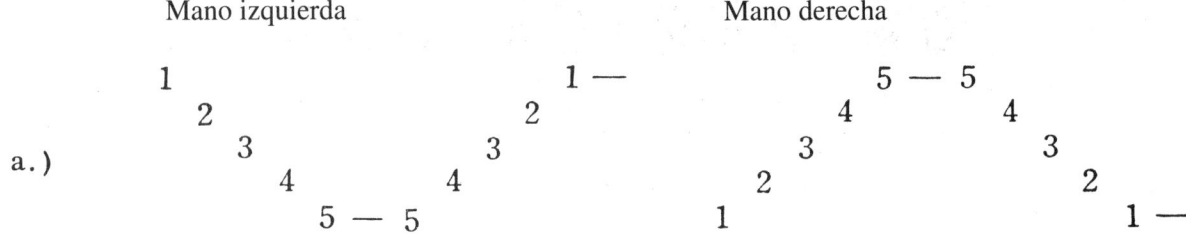

- Aquí hay otra melodía que se puede tocar por los numeros de dedos. Mantenga la misma posición de mano cómo se a demostrado en la página apuesto. Primero cante los numeros de dedos mientras que tocas, y después cante las palabras.

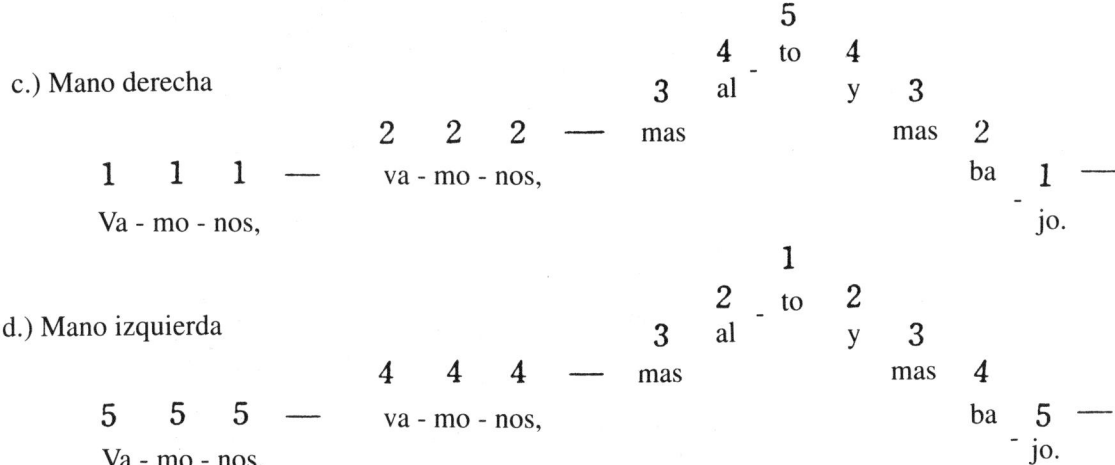

c.) Mano derecha

1 1 1 — 2 2 2 — 3 4 5 4 3 2 1 —

Va - mo - nos, va - mo - nos, mas al - to y mas ba - jo.

d.) Mano izquierda

5 5 5 — 4 4 4 — 3 2 1 2 3 4 5 —

Va - mo - nos, va - mo - nos, mas al - to y mas ba - jo.

- Ahora trate de tocar "Vamonos" en otra posición en el teclado. Ponga sus dedos en las teclas como indica los numeros de dedos. (Note que el tercer dedo está puesta en una tecla negra.)

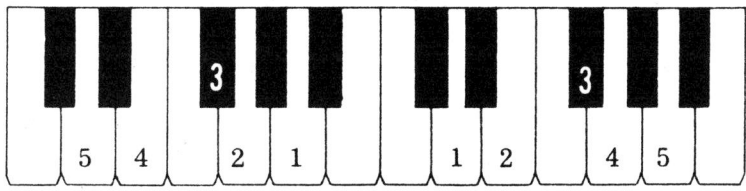

- Cante "Vamonos" y esta vez golpee sus manos cuando canta.

Cante	Va - mo - nos,	va - mo - nos,	mas al - to y	mas ba - jo.
Golpee las manos	* * * *	* * * *	* * * *	* * * *

Note que cada vez que cante la sílaba "-nos" golpea sus manos dos veces, mientras cantando las otras palabras golpea sus manos solo una vez? Esto quiere decir que la nota cantada para la sílaba "-nos" se sostiene dos veces mas larga que las notas cantadas para las otras palabras; tiene dos golpes mientras las otras palabras tiene un golpe.

Esta nota de un golpea se llama NEGRA. ♩

Esta nota de dos golpes se llama BLANCA. 𝅗𝅥

Esta nota de cuatro golpes se llame REDONDA. 𝅝

c.) d.)

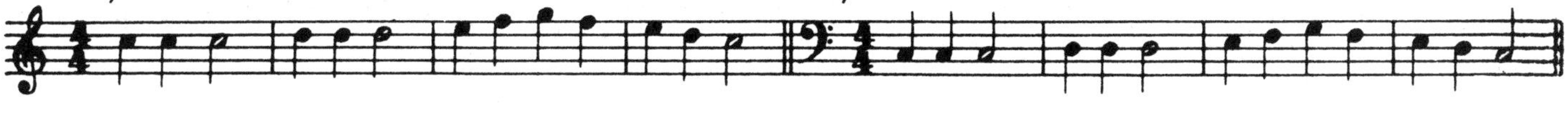

- Conociendo los numeros de los dedos y que tiempo se sostiene las notas, será capaz de tocar estas melodías. (Las reconoce?) Mantenga la mano en la misma posición como la figura de la página 6.

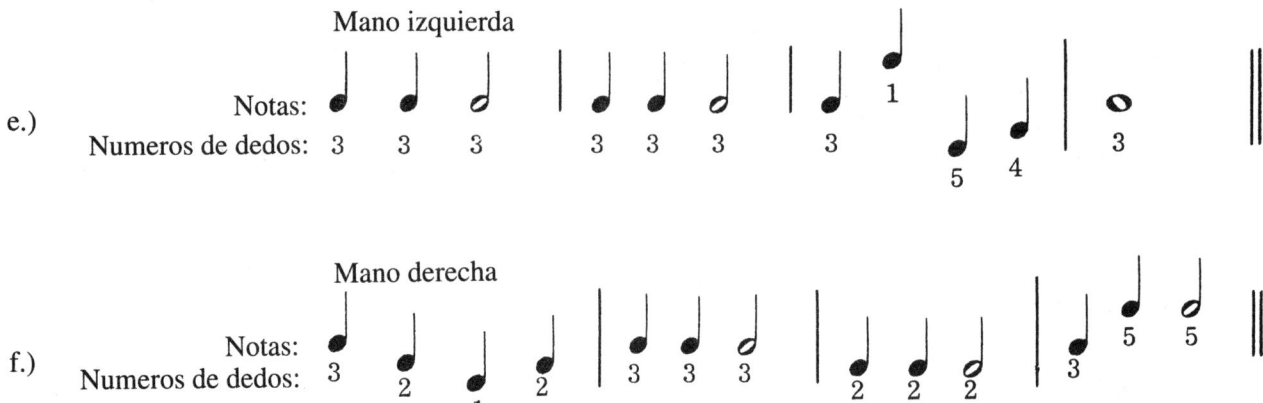

- Mide de nuevo con cuidado las notas de las melodías que acaba de tocar ("Cascabel de Campanas" y "Mary Tiene un Corderito"). Ud. puede ver que las notas siempre siguen el alto y bajo de la melodía. Cuando la melodía sube, las notas suben también; cuando la melodía baja, las notas también bajan. Para saber exactamente que tan alto o bajo la nota se debe colocar, necesitamos algunas guías. Estas guías se llaman el PENTAGRAMA.

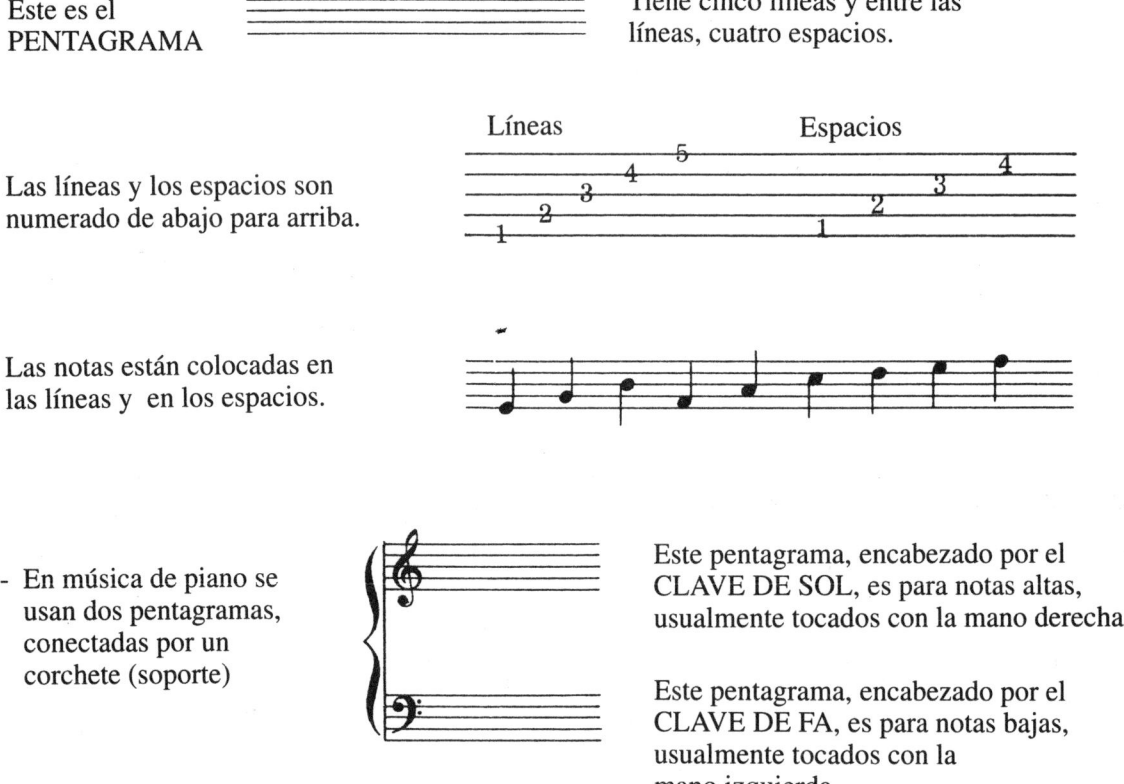

- Para hacer que las notas sea
fáciles de seguir, el pentagrama
a está dividido por barras
y compases.

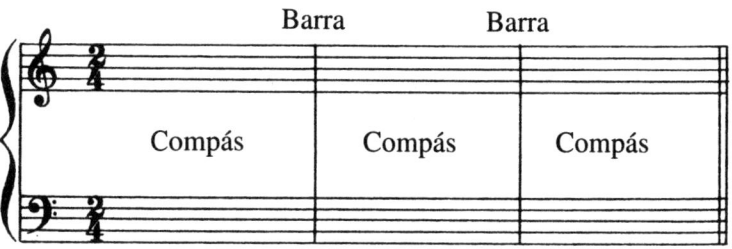

- Los dos numeros colocados después de los claves son llamados SIGNO DE TIEMPO. Esto es lo que los dos numeros significan.

    2 El numero de arriba muestra cuantos golpes hay en una compás (dos).

    4 El numero de abajo muestra que clase de note recibe el golpe (la negra).

- Que significan estos Signos De Tiempo? $\frac{3}{4}$ $\frac{4}{4}$

Ejercicios de Contar

- Golpee sus manos por cada nota, contando alto los numeros de los golpes en cada compás. (Recuerde que algunas notas se sostienen por un golpe y otras por dos golpes.)

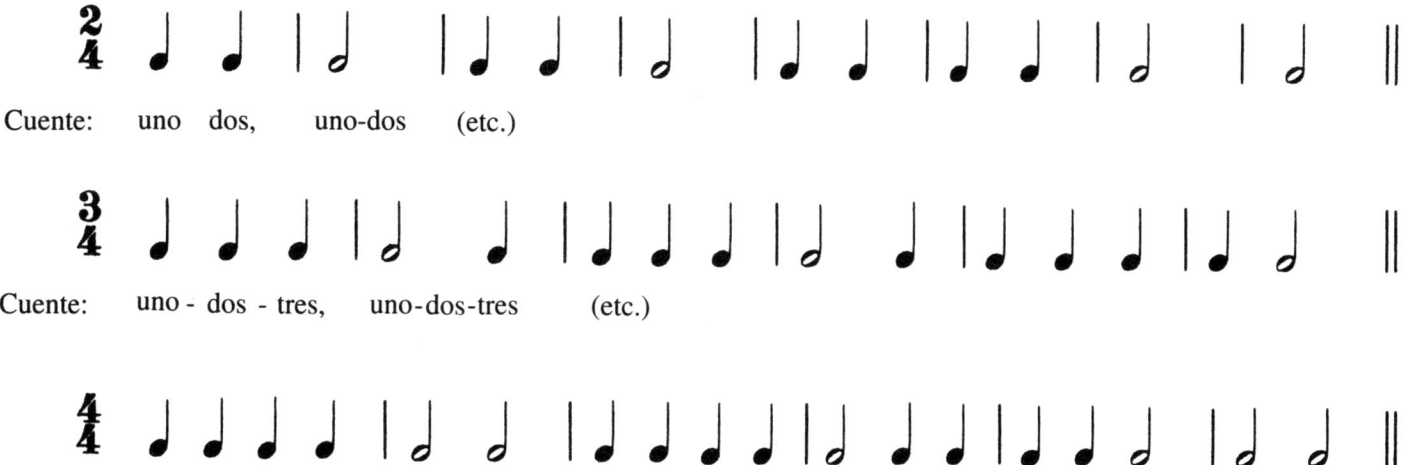

Los Nombres de las Teclas

- Las teclas blancas son nombrados: Do - Re - Mi - Fa - Sol - La - Si - Do

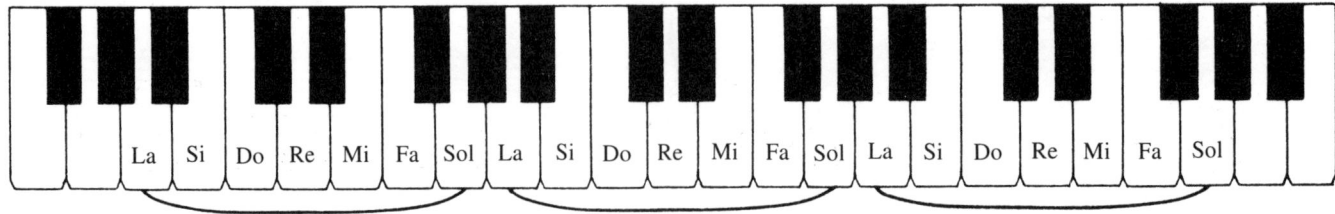

- Do esta localizado a la izquierda de las dos teclas negras. Encuentre las teclas "Do" en su piano. Encuentre el "Do Central."
- Toque "Do Central." Cual es el nombre de la próxima tecla a la izquierda? Y la próxima tecla a la derecha?
- Toque todos los Do - Re - Mi (tocando las dos teclas negras).
- Encuentre todos los La (hacia la izquierda de la tercer tecla negra).
- Toque La - Si - Do.
- Toque La - Si - Do - Re - Mi.
- Encuentre todos los Fa - Sol (tocando la primera de las tres teclas negras)

Cuadro de Notas

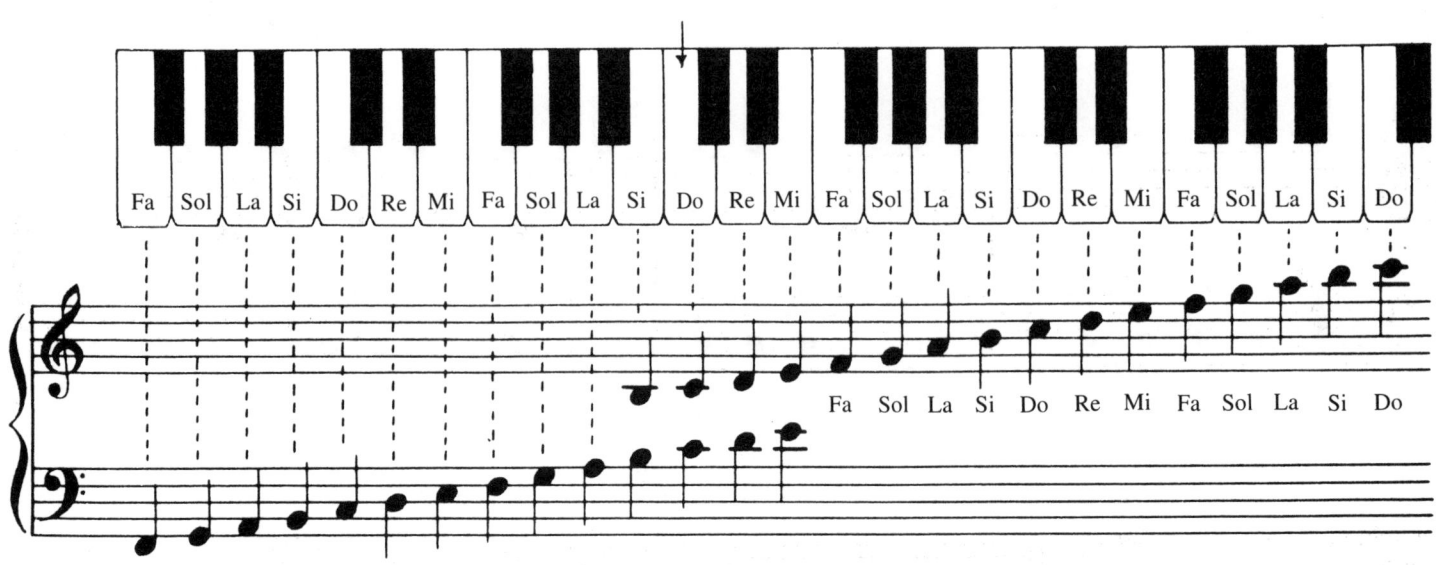

"Jig" de Tres Notas

Canción para Tocar

Parte doble opcional para "Canción para Tocar"

♩. BLANCA CON PUNTILLO
(tres golpes)

Primera Serenata

Parte doble opcional

Procesión Misterioso

(con la mano derecha repita la misma nota en todas partes)

Toque "Procesión Misteriosa" de esta manera: coloque la mano derecha en la OCTAVA (ocho teclas) en lo alto y la mano izquierda en la octava baja.

Paloma Azul

Cancíon Folclórica Americano

Blue-bird, blue-bird, on my shoul-der, Blue-bird, blue-bird, on my shoul-der,

Blue-bird, blue-bird on my shoul-der, John-ny I am ti-red.

Parte doble opcional

f *(fuerte)* = alto
p *(piano)* = suave

Niño que Alega

Golosa

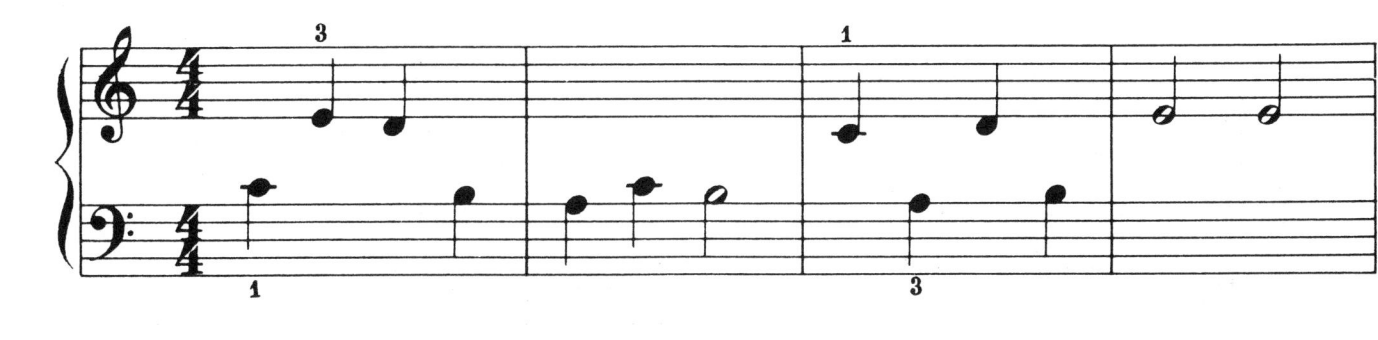

El SILENCIO DE REDONDA, ▬ indica silencio en un compás entero de cualquier clase.

Canción Pequeña

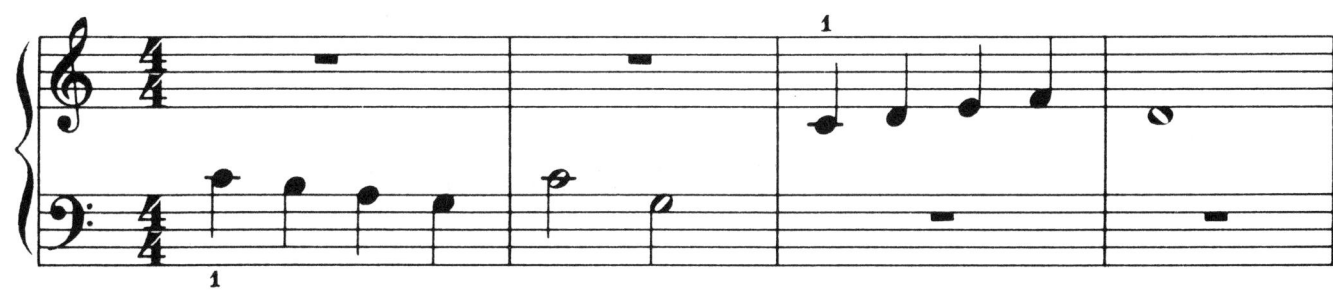

Doble parte opcional para "Canción Pequeña"

El SILENCIO DE BLANCA, ⌐ indica silencio por dos golpes; tiene el mismo valor que la blanca.
⌐ = ♩ = dos golpes

Wenceslas, el Rey Bueno

Canción de Antaño

Parte doble opcional

El SOSTENIDO # sube la nota hasta la siguiente nota mas alta; toque la tecla mas cercana a la derecha, negra o blanca.

En el Festín

parte doble opcional

mf (mezzo-forte) = medio fuerte

Viejo Melodía del Mundo

Parte doble opcional

El SILENCIO DE NEGRA 𝄽 indica silencio por un golpe; iguala al tiempo de la negra.
𝄽 = ♩ = un golpe

La Mañana en la Primavera

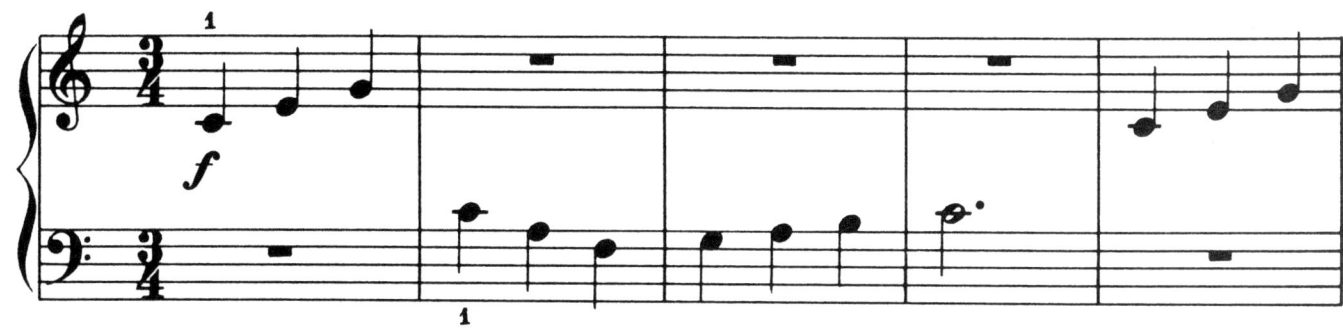

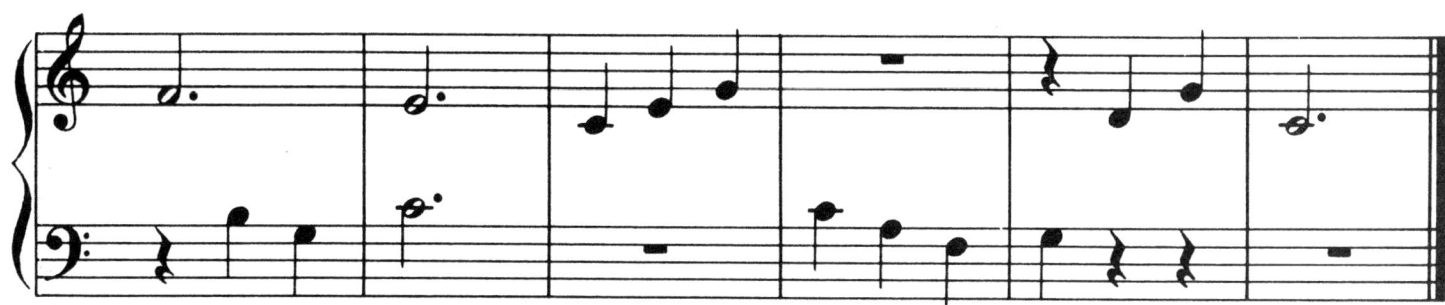

Parte doble opcional

Una melodía puede empezar en cualquier golpe de el compás. Esta empieza en el cuarto golpe.

Las Campanas de la Catedral

Cancíon Folclórica Inglésa

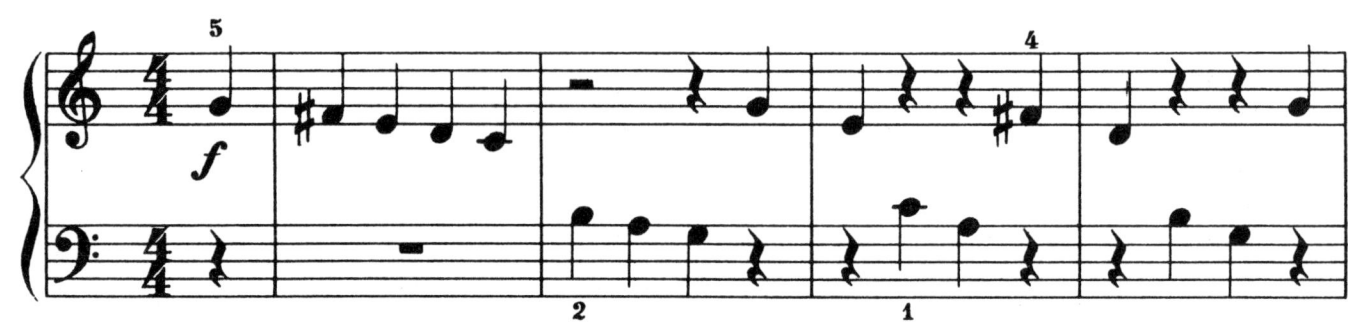

Parte doble opcional

El bemol ♭ baja la nota; toque la tecla más cercana de la izquierda, blanca o negra.

Sobre la Montaña y Cañada

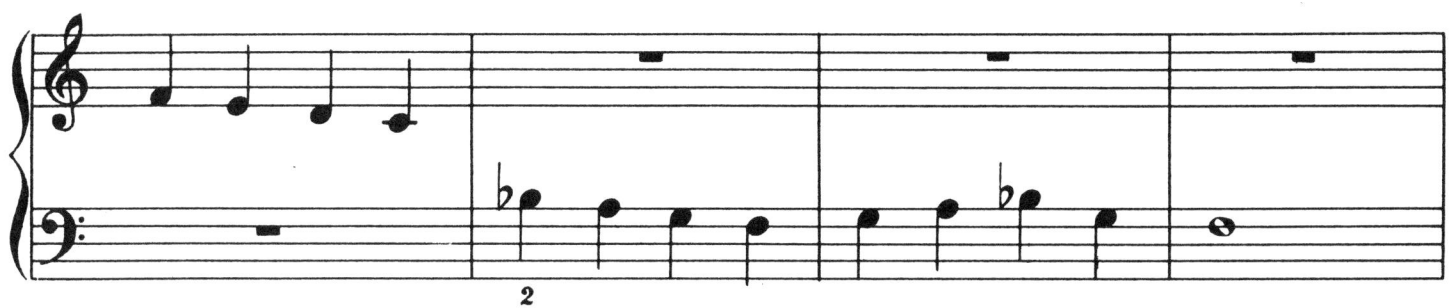

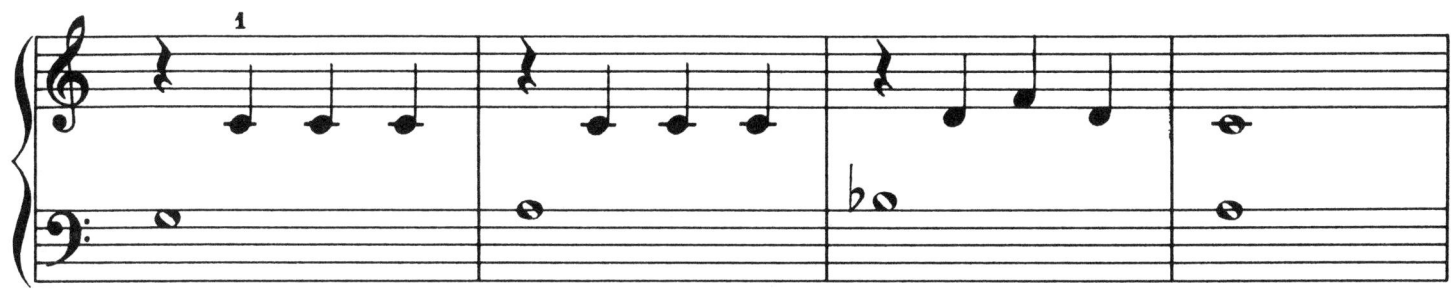

Saludo de Jamaica

Melodía Judía

El 'SLUR', una línea curvada sobre dos o más notas es el signo de *legato,* estas notas deben ser tocadas en una manera suave y seguida.

Romance

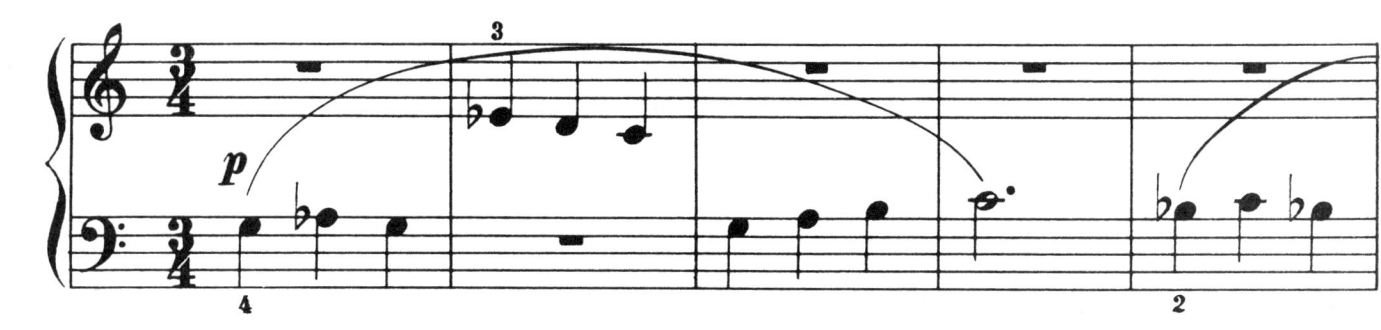

Parte doble opcional

dos CORCHEAS (♫) igualan el valor del tiempo de una negra (♩)
♩ = ♫ = un golpe

"Skip to My Lou"

Canción Folclórico

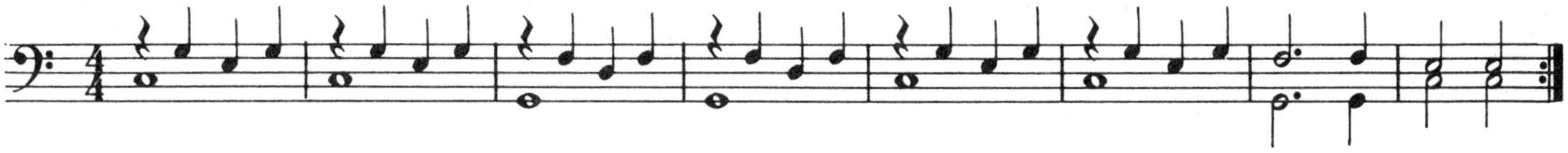

Desfile

La LIGA es una línea curvada conectando dos notas vecinas del mismo sonido (tono). Toque solo la primera nota sostenga la segunda por su total valor de tiempo.

Crepúsculo y Amanecer

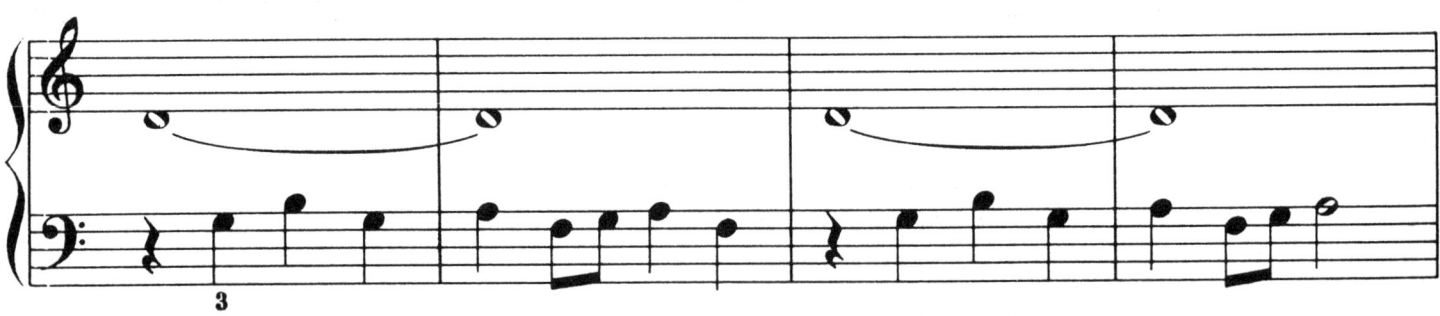

Repite la tema; esta vez toque *mf* y levante todas las notas Fa hasta Fa sostenido.

Pequeño Preludio

Moderadamente

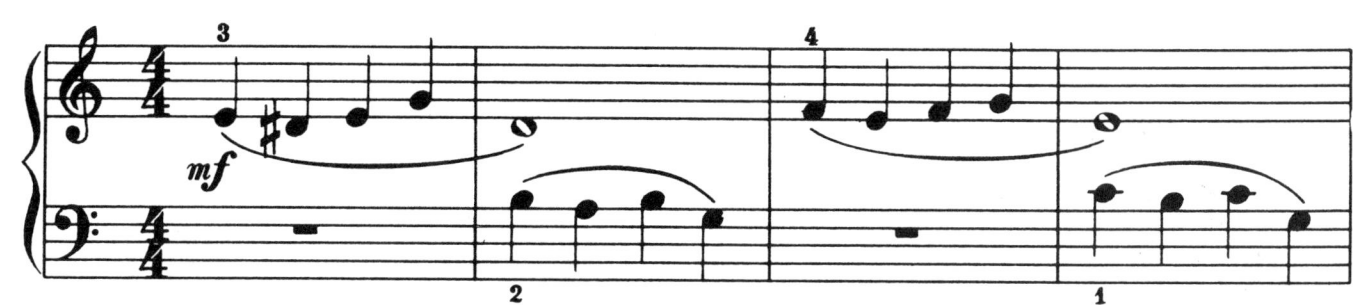

Revise el significado de las siguientes palabras y signos:

1 - *f* y *p*	6 - El "SLUR"
2 - LEGATO	7 - El BEMOL (♭)
3 - 𝄽	8 - —
4 - La LIGA	9 - La OCTAVA
5 - El SOSTENIDO (♯)	10 - *mf* (mezzo-forte)

Diálogo Juguetón

Moderadamente

Canción Alemana de Niños

\> = marca de acento

"Roundelay"

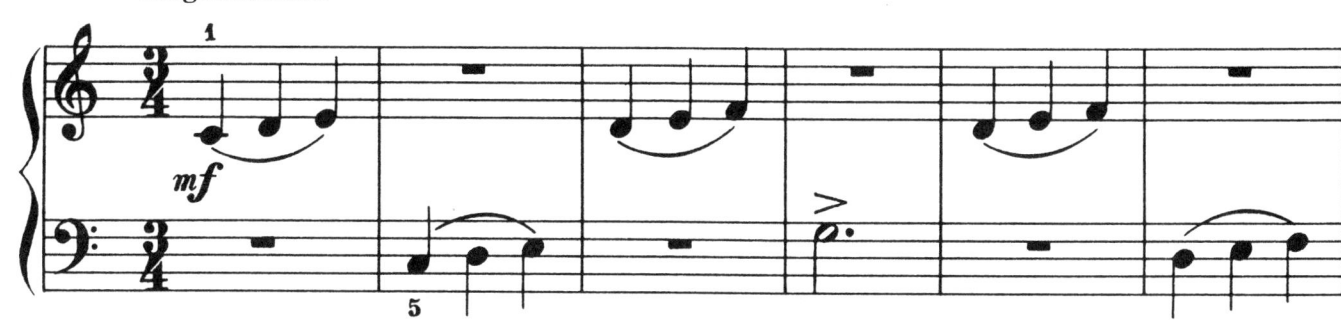

Alegradamente

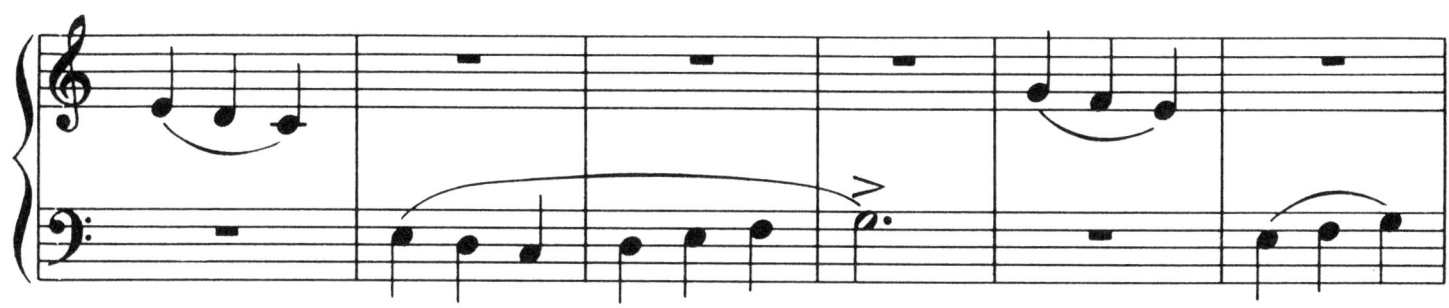

Remando Suave

Moderadamente
Canción Alemana

Toque esta tema otra vez, esta vez tóquela con su mano derecha una octava mas alta.

Sostenidos y bemoles alteran no solo las notas del frente en las cual son colocados,
sino también las otras notas de el mismo nombre en esa compás.

Melodía

Antonio Diabelli

Toque esta tema otra vez, esta vez coloque su mano derecha una octava mas alta.

Vieja Canción China

Doble parte opcional

Intervalo Azul

Los 'Cossacks' Dichosos

Puede repetir desde el signo 𝄋

crescendo = gradualmente mas alto

decrescendo o diminuendo = gradualmente mas suave.

Nubes Flotantes

Cancioncita del Mar

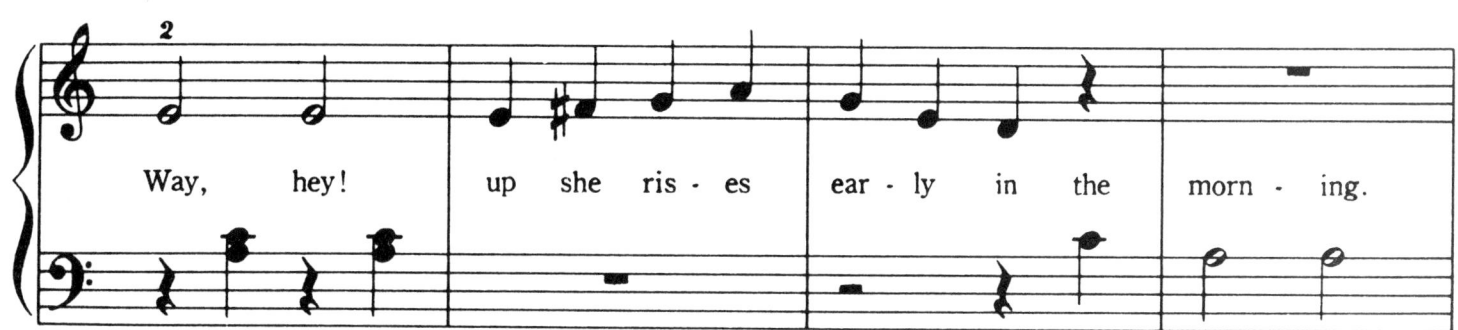
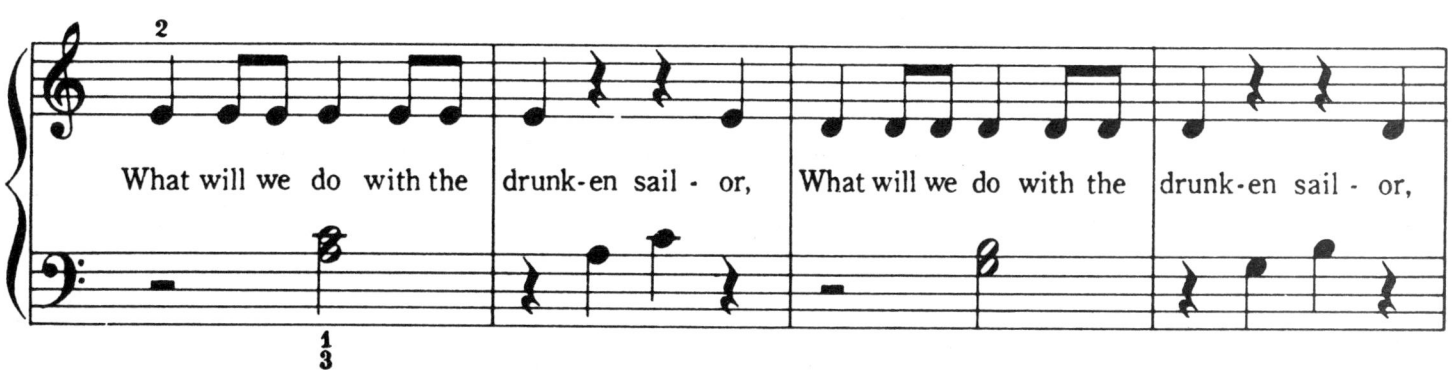

rit. (ritardando) = gradualmente mas despacio.

Marea Suave

Un pequeño punto en la cabeza de la nota (♩) es señal de *staccato*. Toque esa nota en manera corta y despegada. Después de golpear la tecla, el dedo regresa inmediatamente a su posición levantada.

Llovizna que Baila

El Corral del Ferrocarril

Alegradamente

Canción de Baquero

We're up in the morn-ing ere break of the day, The chuck wag-on's bus-y, the flap-jack's in play. The herd is a-stir o-ver hill-side and vale, With night rid-ers crowd-ing them in-to the trail.

Trate de tocar este tema de nuevo como si tuviera un bemol en frente de cada nota. (Vas a tocar en teclas negras a excepción de los Do-bemoles.)

La pequeña raya en la cabeza de la nota (𝅗𝅥) es señal de *tenuto*. Quiere decir que sostenga abajo la tecla para darle todo el valor de tiempo completo.

'Cotillian' Polka

Moderadamente vivo

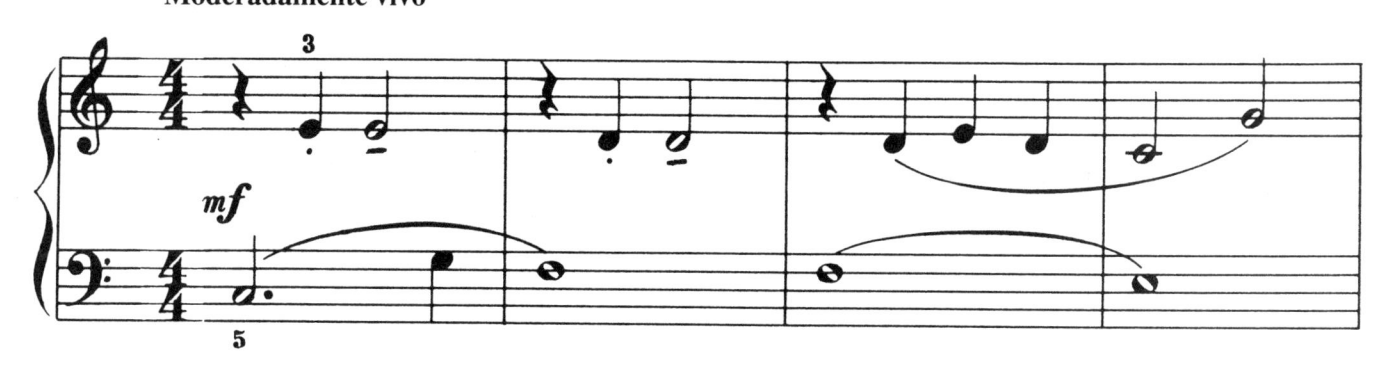

Repite desde el principio hasta *Fine*.
Fine en Italiano es el final.

mp (mezzo-piano) = medianamente suave

Baile de los Marineros

Lively

Baile Popular Dane

Fine

Repite desde el principio hasta el *Fine*.

Este signo 8················ , significa que toque las notas de debajo de los puntos un octava mas alta.
pp (pianissimo) = muy suave

Ecos del Monasterio

Movimiento libre

*El pedal se puede usar con todas las notas blancas con puntillo.

'Bagatela' Balkana

Suba cada Fa a Fa sostenido

Moderadamente

mf

Canción de Cuna para una Muñeca Francesa

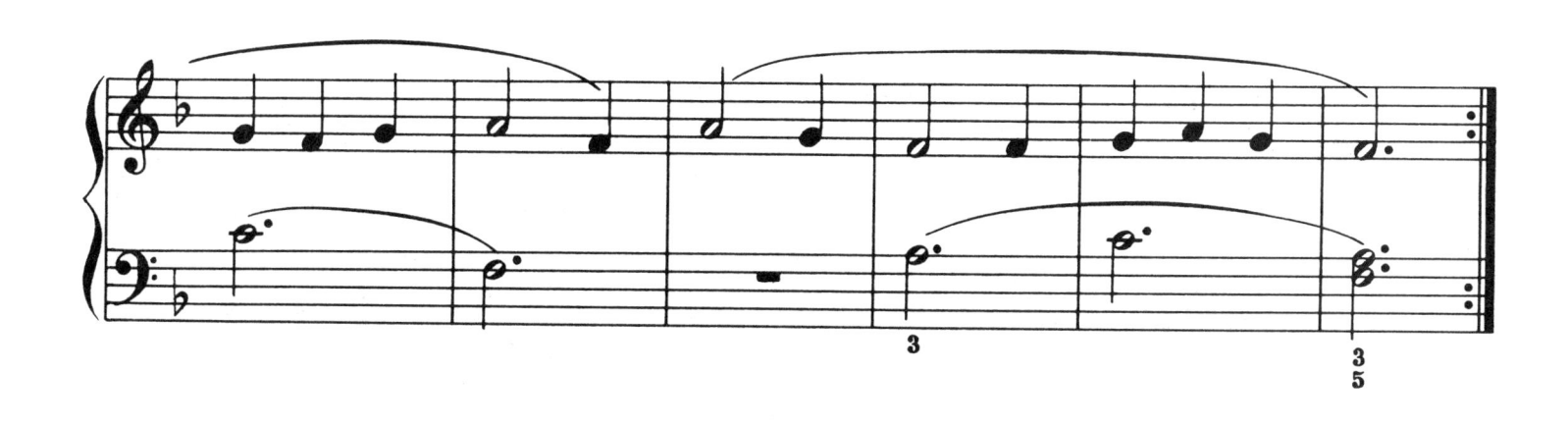

Canción Popular Francesa

Suavemente

Baje cada Si a Si bemol

𝐂, como signo de tiempo es lo mismo que el $\frac{4}{4}$

Los Gaiteros

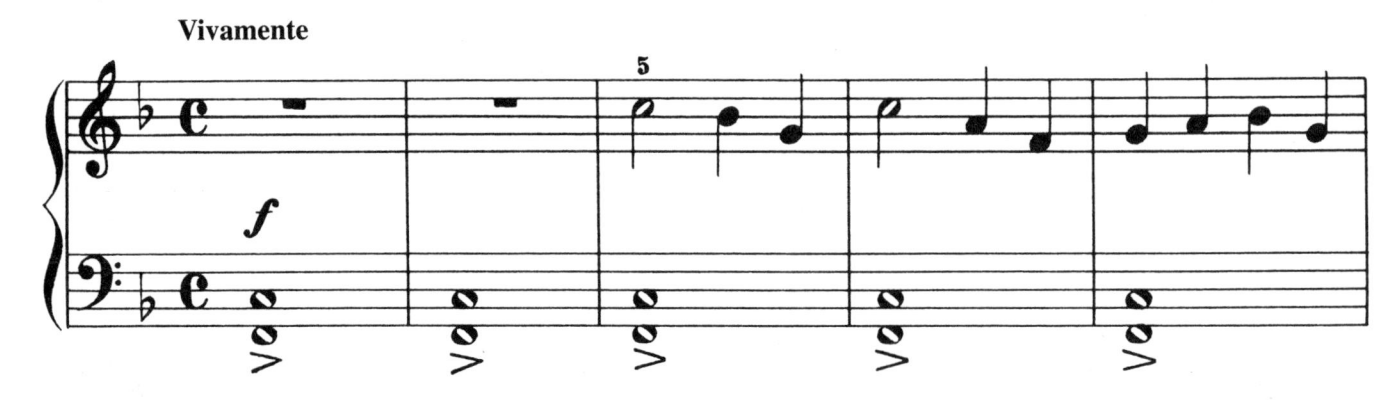

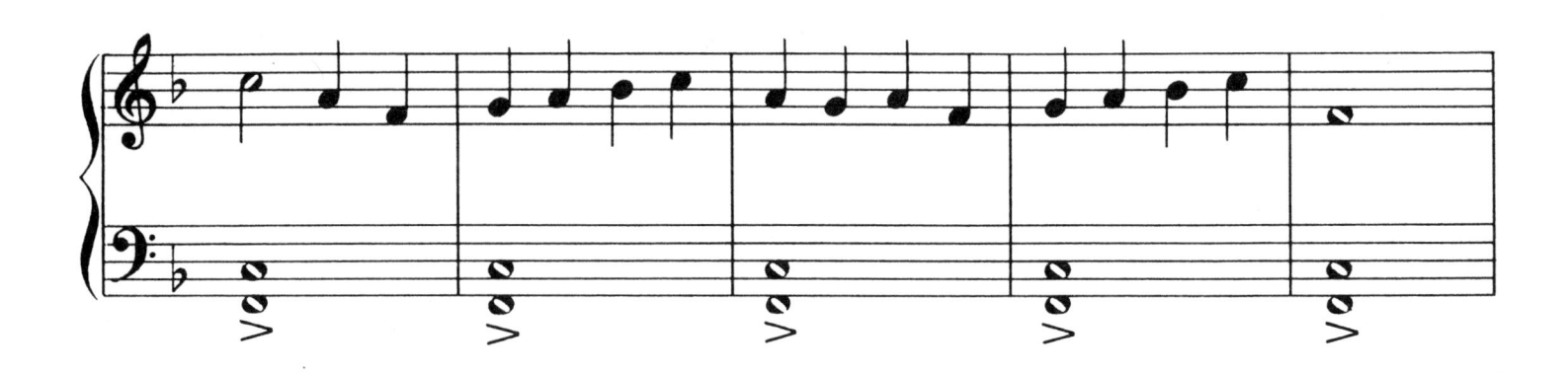

Vivamente

cruce sobre la mano izquierda

Día de Fiesta del Violínero

Mariana

Señal de clave
(Fa mayor)

Moderadamente

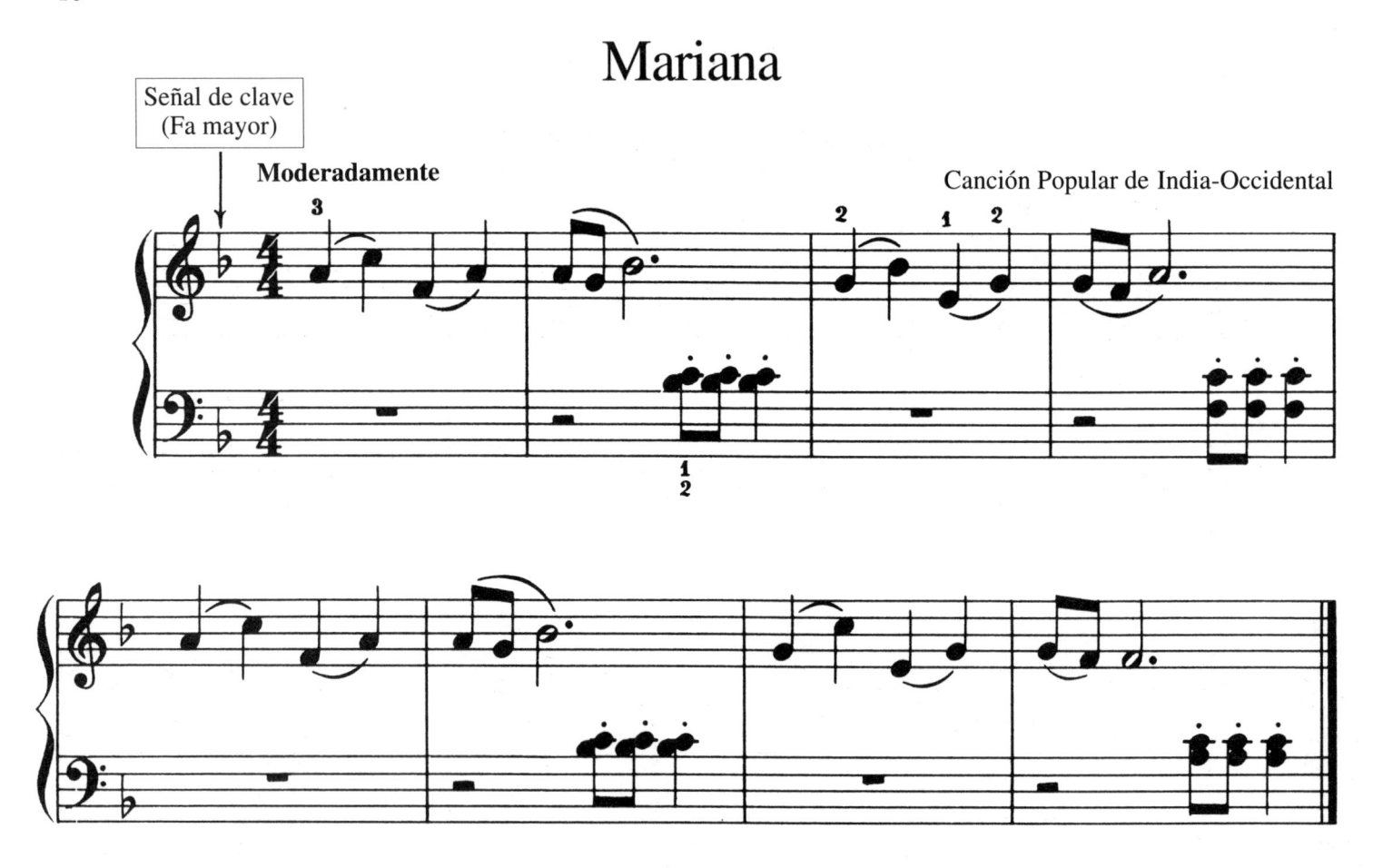

Canción Popular de India-Occidental

Travesura

Use solamente el tercer dedo en ambas manos.

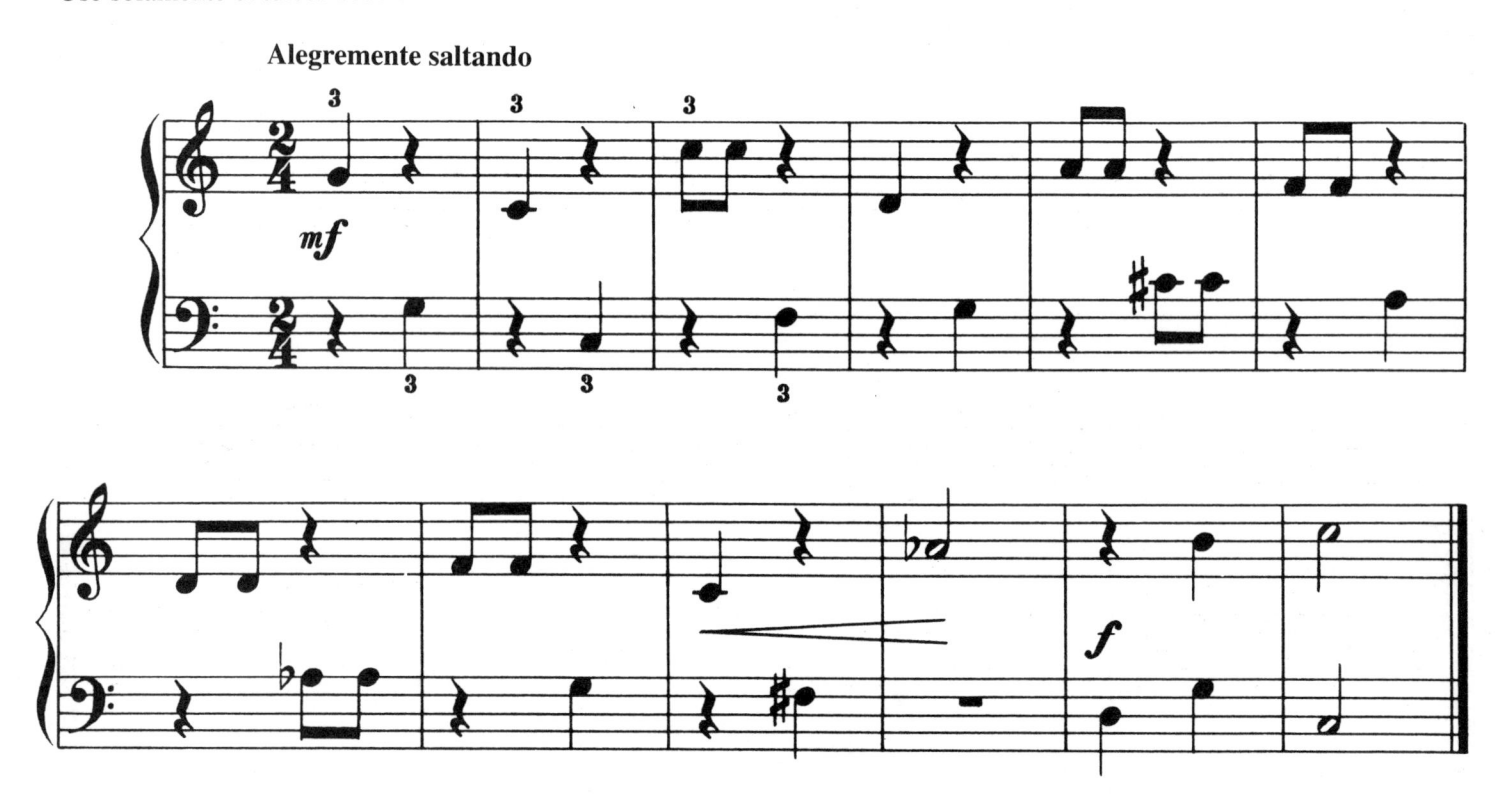

Alegremente saltando

En el Llano Verde

Salmo sin Palabras

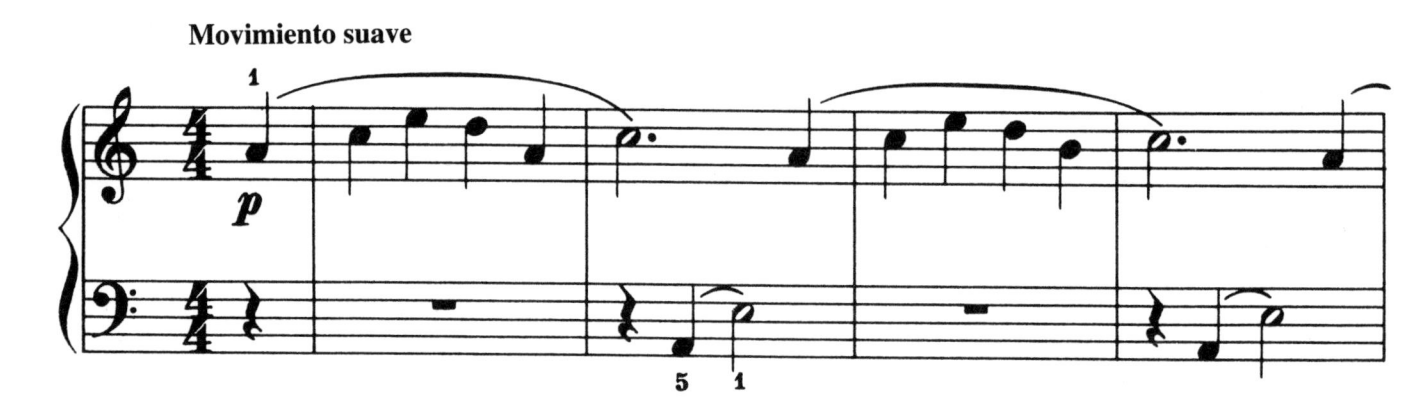

Movimiento suave

Paja del Pastor

Baile Popular Inglés

Este signo ♮ se llama NATURAL: cierra el sostenido o bemol, toque la tecla original blanca. Los tres signos: sostenido, bemol, y natural, son llamados ACCIDENTALES.

Tarde de Verano

Sonatina de Miniatura

En el Circo

Tiempo brillante

Canción de los Gondoleros

Escena del Ballet

Vals en tiempo moderado

Fanfarria

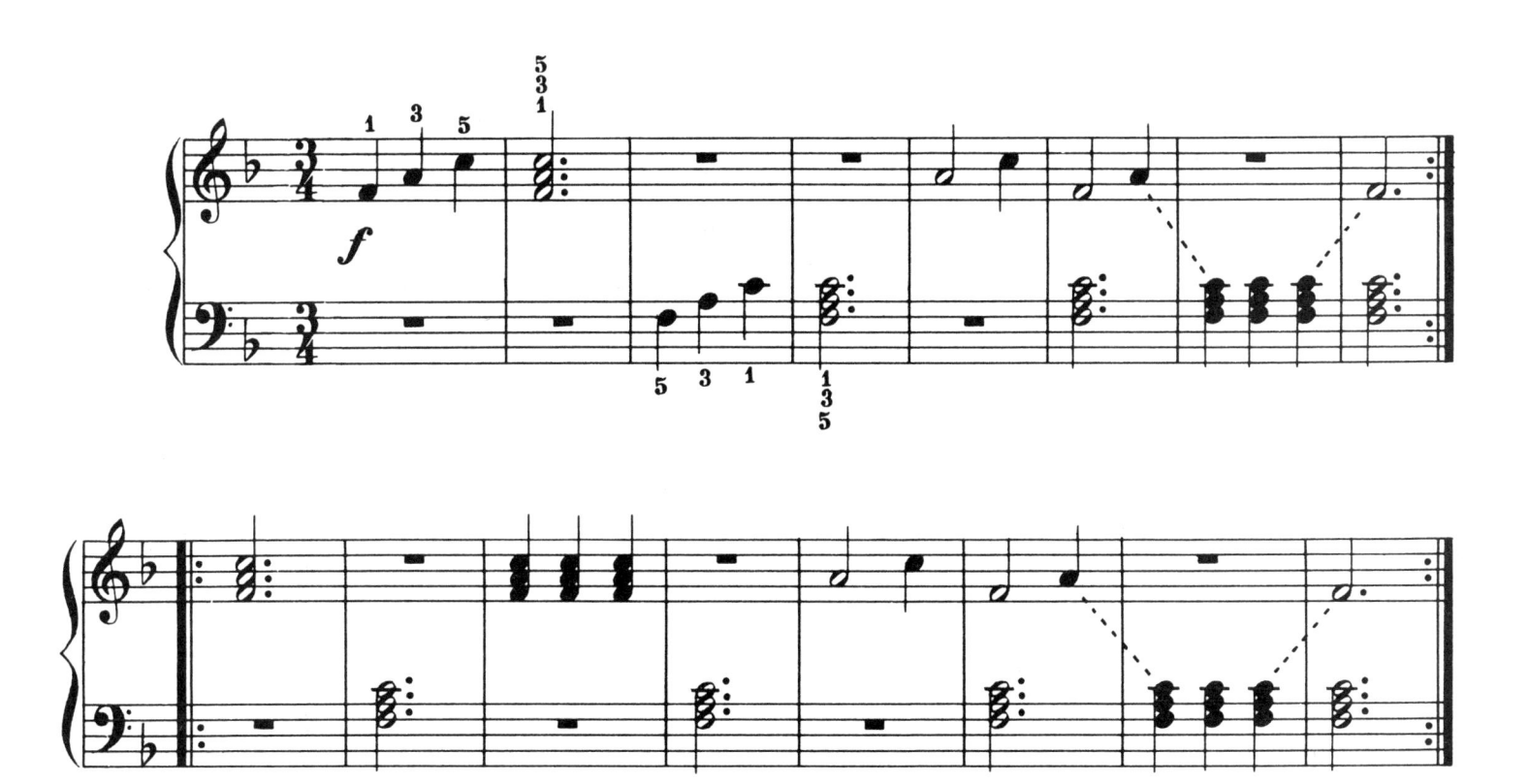

Querer a Alguien

Canción Folclórica Americano

Love some-bod-y, yes, I do, Love some-bod-y, yes, I do,
Love some-bod-y, yes, I do, And I won't tell who, who, who.

Veleros Blancos

Movimiento firme y garboso

Marcha de Alejandro

Editado por Denes Agay

Caminando en tiempo rápido

Ludwig van Beethoven

Melodía con varios acompaniamientos

Moderato
Unico

Movimiento paralelo

Movimiento contrario

Imitación

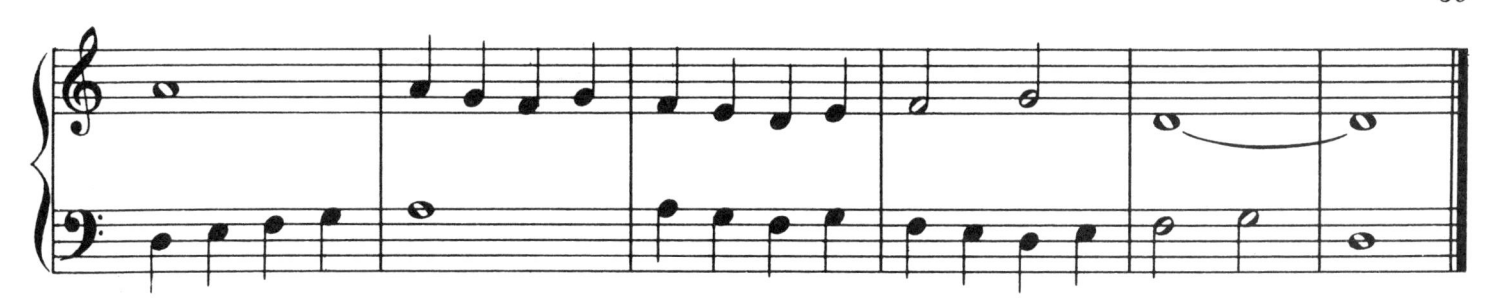

Gemelos Caprichosos

Andantino

> staccato acentuado

Baile con Zapato de Madera

Allegretto

La NEGRA CON PUNTILLO

Abedul

Canción tradicional Rusa

Moderato

mf

Repite la tema *f*

"Canon"

Konrad M. Kunz

Igual como 4/4

mf

*Canon es una forma musical en la cual la melodía es estrictamente imitada por otra voz.

Tema y Variaciónes

Juego de Tócame

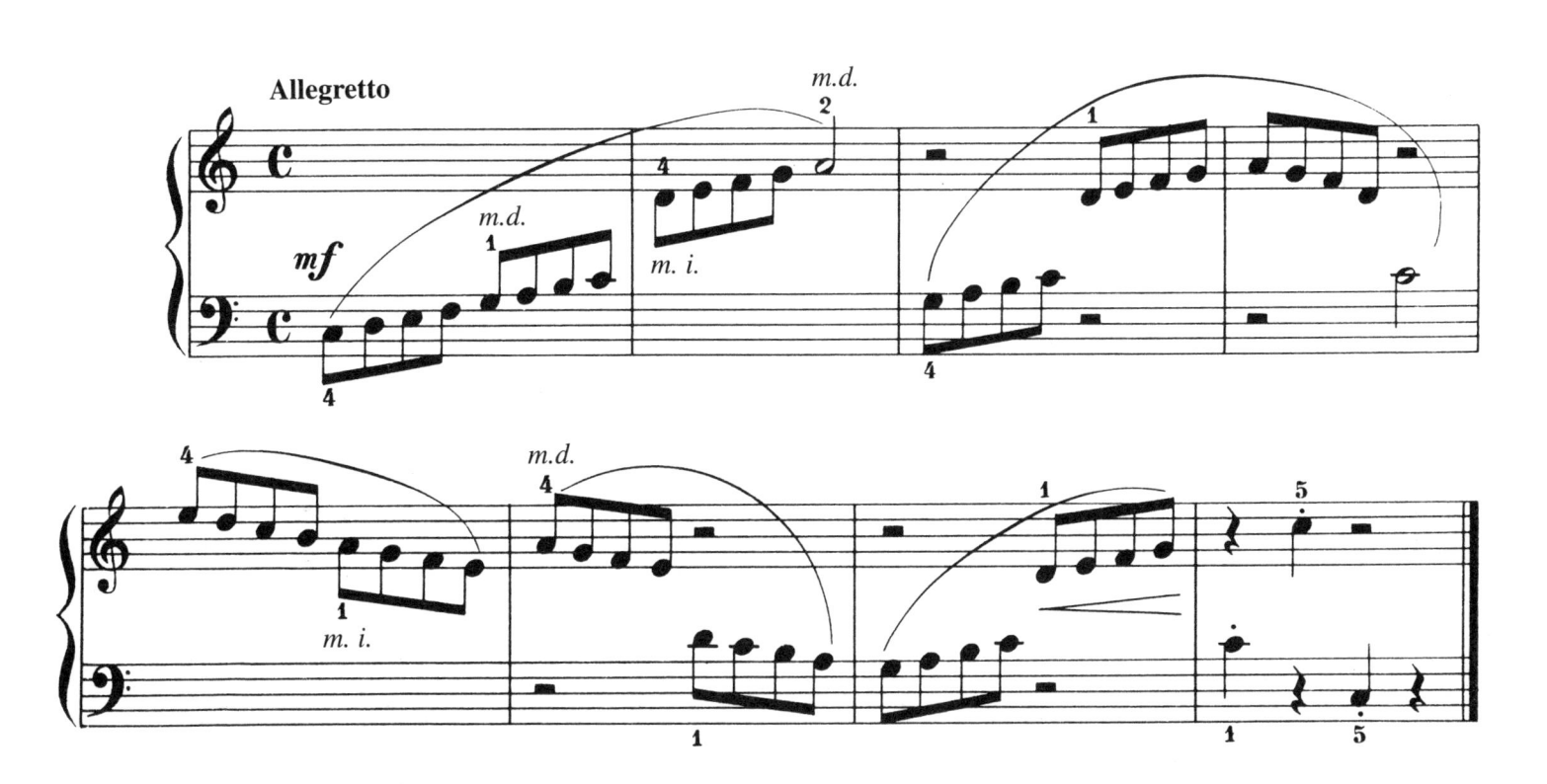

En el Parque

Toque las figuras de cinco notas con movimiento suelto de la muñeca de abajo para arriba.

Sonata de Balancín

Canción de Cortejar

Andantino

Compañeros en Melodía

^ Un acento muy agudo

Querella

Vivamente, fuertemente

Denes Agay

Poema Pastoral

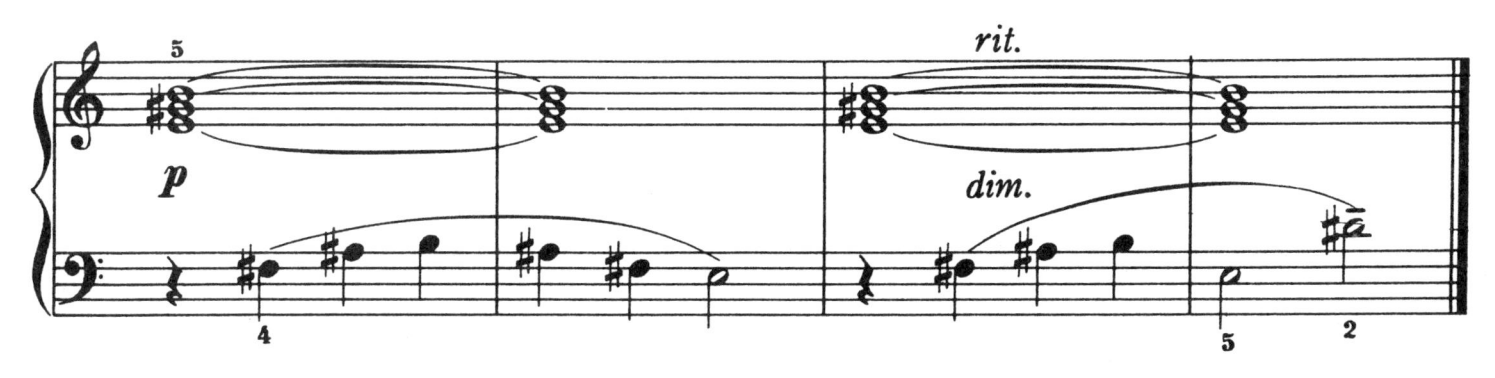

Denes Agay

*En forma a canto.

'Boogie' de Punto Silbido

Golpe firme (moderado-a-rápido)

Gerald Martin

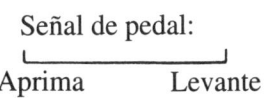

Iglesia con Luna Encendida

Señal de pedal: Aprima — Levante

Moderadamente; movimiento suave

Denes Agay

Dos SEMI-CORCHEAS (♫) igualan al valor del tiempo de una corchea (♪).

Cuatro semi-corcheas (♬♬) igualan al valor del tiempo de una negra (♩).

Yo Baile con un Mosquito

Allegro

Canción Popular Rusa

Baile Inglés

Allegro

James Hook

En tiempo de 6/8 tiene seis golpes en cada compás; la corchea toma un golpe. Cuando toque en tiempo de 6/8, el golpe se acentúa en la primera y en la cuarta cuenta.

Palmotee este ritmo:

Cuente: 1 2 3 4 5 6 | 1 2 3 4 5 6 | 1 2 3 4 5 6 | 1 2 3 4 5 6

'Sally' Alrededor

Canción Popular Inglesa

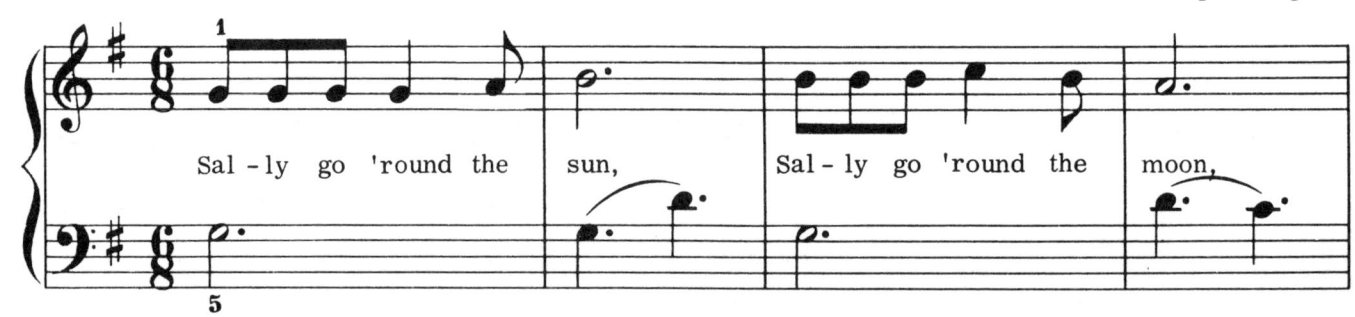

Sal-ly go 'round the sun, Sal-ly go 'round the moon,

Sal-ly go 'round the chim-ney pot on a Sun-day af-ter-noon.

En el Columpio

Andantino

mf

La Banda de Latón

Tiempo feliz, paroneandose

Feria del Pueblo

A. Nikolaiev

Repite desde este signo 𝄋

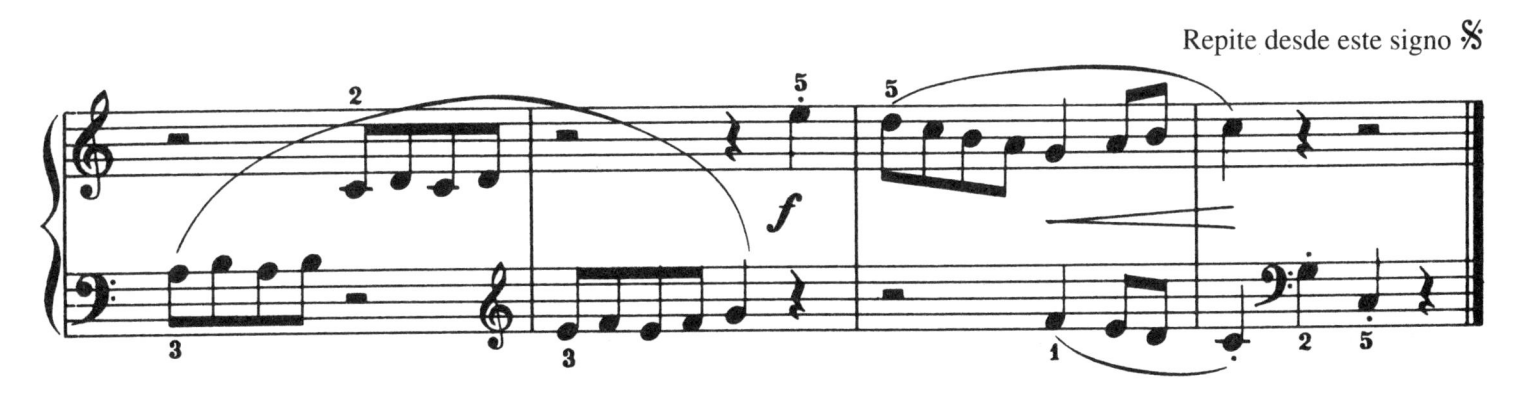

Tres corcheas que reciben un golpe se llama un TRESILLO.

un golpe

Paseo

Andante

Balada

Denes Agay

La CORCHEA CON PUNTILLO

Ejercicio preparatorio

Mazurka

Moderato

Esta tema es preparada para tocar en escalas. El paso del pulgar y el cruce del tercer dedo debe ser suave, ni retardado, ni acelerado: sin ningún movimiento brusco de la muñeca o del codo.

Brincos de Scala

Usando los mismos dedos: toque está figura en las claves de Sol, Re, La, y Mi mayor.